BEI GRIN MACHT SICH IHI
WISSEN BEZAHLT

- Wir veröffentlichen Ihre Hausarbeit,
  Bachelor- und Masterarbeit

- Ihr eigenes eBook und Buch -
  weltweit in allen wichtigen Shops

- Verdienen Sie an jedem Verkauf

Jetzt bei www.GRIN.com hochladen
und kostenlos publizieren

Christoph Tornau

XOR-basierte fehlerresidente Kodierverfahren

GRIN Verlag

Bibliografische Information der Deutschen Nationalbibliothek:

Die Deutsche Bibliothek verzeichnet diese Publikation in der Deutschen National-
bibliografie; detaillierte bibliografische Daten sind im Internet über http://dnb.d-
nb.de/ abrufbar.

Impressum:

Copyright © 2004 GRIN Verlag GmbH
Druck und Bindung: Books on Demand GmbH, Norderstedt Germany
ISBN: 978-3-640-19422-3

Dieses Buch bei GRIN:

http://www.grin.com/de/e-book/23497/xor-basierte-fehlerresidente-kodierverfahren

GRIN - Your knowledge has value

Der GRIN Verlag publiziert seit 1998 wissenschaftliche Arbeiten von Studenten, Hochschullehrern und anderen Akademikern als eBook und gedrucktes Buch. Die Verlagswebsite www.grin.com ist die ideale Plattform zur Veröffentlichung von Hausarbeiten, Abschlussarbeiten, wissenschaftlichen Aufsätzen, Dissertationen und Fachbüchern.

Besuchen Sie uns im Internet:

http://www.grin.com/

http://www.facebook.com/grincom

http://www.twitter.com/grin_com

Seminar fehlerresidente Übertragungssysteme (WS 2003/04)
XOR-basierte fehlerresidente Kodierverfahren

Christoph Tornau

7. Januar 2004

Zusammenfassung

Nachrichten müssen häufig über ungesicherte Kanäle, wie zum Beispiel das Internet, übertragen werden. Unsichere Kanäle zeichnen sich dadurch aus, dass sie keine Garantie darüber geben können, ob versandte Nachrichten auch tatsächlich das Ziel erreichen. Viele Verfahren bei Duplexverbindungen nutzen die Möglichkeit, zerstörte Pakete neu anzufordern. Häufig ist jedoch wegen der langen Zeit, die man auf solche duplizierten Datenpakete warten muss, oder wegen einer Simplexverbindung dies nicht möglich. Man wünscht sich deshalb ein Verfahren, welches zusätzliche redundante Informationen zu den eigentlichen Daten hinzufügt, durch die es möglich ist, verlorengegangene Daten zu rekonstruieren. Das XOR-Kodierverfahren leistet genau dies. Im folgenden wird vorgestellt, wie es dies in quadratischer Zeit tut, wodurch es in der Lage ist, Echtzeitdaten z.B. Echtzeitvideoübertragung in hoher Geschwindigkeit zu kodieren und zu dekodieren.

Inhaltsverzeichnis

1

1 Einführung

Das Szenario ist wie folgt:

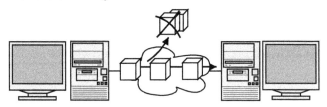

Auf einer Verbindung werden mit dem XOR-Code kodierte Pakete übertragen. Dabei gehen Pakete verloren. Ein Paket erreicht entweder unbeschadet das Ziel oder es geht komplett verloren. Die Möglichkeit, dass empfangene Pakete Fehler enthalten, gibt es nicht. Der Zielcomputer kann aus den restlichen Paketen die Originalnachricht wieder herstellen.

Die Wünsche an Kodierungsverfahren sind,

- dass sie schnell sind. Ein optimales Kodierungsverfahren läuft in linearer Zeit. Ein solches Kodierungsverfahren ist aber bislang noch nicht gefunden worden. Das XOR-Kodierungsverfahren läuft in quadratischer Zeit. Durch die Möglichkeit Multiplikationen durch XORs zu ersetzen, wird ein weiterer Geschwindigkeitsgewinn erlangt. So ist das XOR-Kodierungsverfahren in der Lage eine Bitrate von einigen Megabits pro Sekunde zu erreichen, welches z.B. für Videoübertragungen mittlerer Qualität genutzt werden kann.

- dass möglichst viele Pakete verloren gehen dürfen. Idealerweise dürfen soviele Pakete verloren gehen, wie der Kodierungsalgorithmus zu der unkodierten Nachricht hinzugefügt hat. Man nennt einen Code, der solches leistet *maximum distance seperable* (MDS). Unser XOR-Code leistet dies.

XOR-Codes sind eine angepaßte Version der Reed-Solomon-Codes. Diese Codes finden in der Praxis große Anwendung. Beispielsweise werden sie in der Raumfahrt von der NASA ab dem Voyager-Flug im Jahre 1977 standardmäßig zur Datenübertragung, wie zum Beispiel zur Bildübertragung, benutzt. Es ist klar, dass hier zerstörte Pakete nicht einfach neu angefordert können, weil die Signallaufzeit, obwohl das Signal mit Lichtgeschwindigkeit reist, extrem lang ist und gesendete Daten vielleicht in der Raumsonde schon wieder gelöscht sind. Weitere Anwendungen sind zu finden bei CDs, DVDs, Barcodes, Mobilkommunikation, Wireless-LAN, Satelliten-Kommunikation, digitales Fernsehn, DSL ... .

2

2 Definitionen

DEFINITION: **Kodierungsschema / Kodieralgorithmus**

Ein (m, n, b, r)-Kodierungsschema besteht aus einem Kodierungsalgorithmus (in unserem Fall XOR), der eine Nachricht

$$M = (M_1, \ldots, M_m)$$

bestehend aus m Paketen – jedes Paket aus b Bits bestehend – auf eine kodierte Nachricht

$$E(M) = (E_1(M), \ldots, E_n(M))$$

abbildet, in welcher wieder die Pakete aus b Bits bestehen. r Pakete der kodierten Nachricht reichen aus, um die Originalnachricht M wieder herzustellen.

Die einzelnen Werte in der Übersicht:

- m: Anzahl der Pakete der Originalnachricht

- n: Anzahl der Pakete der kodierten Nachricht

- b: Anzahl der Bits pro Paket

- r: Anzahl der Pakete der kodierten Nachricht, aus denen die Originalnachricht wiederhergestellt werden kann.

Somit dürfen maximal $n - r$ Pakete auf dem Übertragungsweg verloren gehen, damit eine Dekodierung möglich ist.

DEFINITION: **Maximum distance seperable (MDS)**

Ein Code heißt Maximum distance seperable kurz MDS, wenn gilt

$$r = m.$$

D.h. es dürfen maximal soviele Pakete verlorengehen, so dass die Anzahl der noch vorhandenen Pakete gleich der Anzahl der Pakete der Originalnachricht ist.

DEFINITION: **systematisch**

Ein Code heißt systematisch, wenn die ersten m Paktete einer Nachricht M die Nachricht selbst enthalten. Die restlichen Pakete sind redundante Informationen. Die ersten m Pakete werden **Informationspakete** genannt; die restlichen $n - m$ Pakete **redundante Pakete**.

DEFINITION: linear

Ein Code heißt linear, wenn die Abbildung, die aus der nicht kodierten eine kodierte Nachricht macht, eine lineare Abbildung ist. Da diese Abbildung linear ist, kann sie somit durch eine Matrix beschrieben werden. Diese Matrix nennt man **Generatormatrix**. Ein Code ist systematisch, wenn die ersten m Zeilen der Generatormatrix die Identitätsmatrix bilden.

DEFINITION: endlicher Körper

Ein endlicher Körper (auch endlicher Feld oder Galois Feld genannt) ist eine endliche Menge in der die Körperaxiome gelten, welche da sind Kommutativgesetz, Assoziativgesetz, neutrales Element der Addition und Multiplikation und Distributivgesetz. Ein solches Feld hat eine Ordnung p, welche die Größe des Feldes darstellt. Man schreibt

$$GF[p] \qquad \text{oder moderner} \qquad \mathbb{F}_p$$

Eine Restklasse der Mächtigkeit p stellt einen Körper dar, wenn p eine Primzahl ist. Beispiel ist der endliche Körper $GF[2]$, welcher folgende Additions und Multiplikationstabelle besitzt:

+	0	1
0	0	1
1	1	0

·	0	1
0	0	0
1	0	1

DEFINITION: Polynomkörper

$$GF[2^L]$$

ist ein Körper der Polynome $(L-1)$-ten Grades über $GF[2]$. Der Körper der Polynome $GF[2^4]$ sieht wie folgt aus:

0	$0 \cdot x^3 + 0 \cdot x^2 + 0 \cdot x^1 + 0 \cdot x^0$	8	$1 \cdot x^3 + 0 \cdot x^2 + 0 \cdot x^1 + 0 \cdot x^0$
1	$0 \cdot x^3 + 0 \cdot x^2 + 0 \cdot x^1 + 1 \cdot x^0$	9	$1 \cdot x^3 + 0 \cdot x^2 + 0 \cdot x^1 + 1 \cdot x^0$
2	$0 \cdot x^3 + 0 \cdot x^2 + 1 \cdot x^1 + 0 \cdot x^0$	10	$1 \cdot x^3 + 0 \cdot x^2 + 1 \cdot x^1 + 0 \cdot x^0$
3	$0 \cdot x^3 + 0 \cdot x^2 + 1 \cdot x^1 + 1 \cdot x^0$	11	$1 \cdot x^3 + 0 \cdot x^2 + 1 \cdot x^1 + 1 \cdot x^0$
4	$0 \cdot x^3 + 1 \cdot x^2 + 0 \cdot x^1 + 0 \cdot x^0$	12	$1 \cdot x^3 + 1 \cdot x^2 + 0 \cdot x^1 + 0 \cdot x^0$
5	$0 \cdot x^3 + 1 \cdot x^2 + 0 \cdot x^1 + 1 \cdot x^0$	13	$1 \cdot x^3 + 1 \cdot x^2 + 0 \cdot x^1 + 1 \cdot x^0$
6	$0 \cdot x^3 + 1 \cdot x^2 + 1 \cdot x^1 + 0 \cdot x^0$	14	$1 \cdot x^3 + 1 \cdot x^2 + 1 \cdot x^1 + 0 \cdot x^0$
7	$0 \cdot x^3 + 1 \cdot x^2 + 1 \cdot x^1 + 1 \cdot x^0$	15	$1 \cdot x^3 + 1 \cdot x^2 + 1 \cdot x^1 + 1 \cdot x^0$

DEFINITION: Nichtreduzierbares Polynom

Ein Polynom $p(x) \in GF[X]$ wird nicht redzierbar über $GF[X]$ genannt, wenn es nicht konstant ist und es keine zwei nicht-konstanten Polynome gibt, durch die es ausdrückbar ist. (d.h. eine Polynomdivision ohne Rest zu finden schlägt auf $GF[X]$ fehl.)

3 Arbeitsweise eines linearen Codes

Eine Nachricht der Länge m mit b Bits pro Wort kann als ein Element des Vektorraums

$$(GF[2^L])^{mb/L}$$

angesehen werden. Die Nachricht kann so in Stücke der Länge L unterteilt werden. Jedes Stück kann als ein Polynom des Grades $L-1$ interpretiert werden. Anschaulich gesehen erhalten wir so eine lange Folge von Polynomen über $GF[2]$.

Wir können eine solche Nachricht N mit einer Generatormatrix der Größe $(nb/L \times mb/L)$ über $GF[2^L]$ kodieren, indem wir die Nachricht N mit der Generatormatrix multiplizieren:

$$nb/L \text{ Zeilen} \left\{ \left(\overbrace{\text{Generatormatrix}}^{mb/L \text{ Spalten}} \right) \cdot \left(N \right) \right\} mb/L \text{ Elemente}$$

Wir können eine kodierte Nachricht wieder dekodieren, indem wir sie mit dem Inversen der Generatormatrix multiplizieren. Dazu muss die Generatormatrix invertierbar sein.

Damit unser Code systematisch ist, müssen die ersten m Zeilen unserer Generatormatrix die Identitätsmatrix I_m sein

$$(I_m|C).$$

C ist dabei eine $((n-m) \times m)$-Matrix. Die Elemente dieser Matrix sind aus dem Polynomvektorraum $GF[2^L]$.

Wir können zeigen: Ein Code ist dann systematisch und *maximum distance seperable*, wenn jede Submatrix der Matrix $(I_m|C)$ invertierbar ist. Damit ist auch die gesamte Matrix invertierbar. Gerade diese Eigenschaft erfüllt die Cauchymatrix.

5

4   Der Isomorphismus τ

Zum Kodieren und Dekodieren der Nachrichten benötigen wir beim XOR-Code XORs. Diese sind Blockweise gegeben, d.h. wir können immer mehrere Bits gleichzeitig XORs berechnen. Um diese Parallelität benutzten zu können, transformieren wir mit τ.

Sei $GF[2][X]$ der Körper der Polynome über $GF[2]$. Sei $p(X)$ ein nichtreduzierbares Polynom $(L-1)$-ten Grades. Dann ist $GF[2^L]$ isomorph zu $GF[2][X]/p(X)$.

Wir können weiter die Elemente des Körpers $GF[2^L]$ durch den Isomorphismus τ als Matrix darstellen. Wir betrachten dazu die Koeffizienten eines Polynoms $f \in GF[2^L]$:

$$f(X) = \sum_{i=0}^{L-1} f_i X^i \quad f_i \in GF[2] \text{ ist } i\text{-ter Koeffizient}$$

Sei nun $\tau(f)$ für unser $f \in GF[2^L]$ die Matrix, deren i-te Spalte der Koeffizientenvektor von $X^{i-1}f \bmod p(X)$ ist.

Dieser Isomorphismus τ

$$\underbrace{GF[2^L]}_{L \text{ Vektor}} \xmapsto{\simeq} \underbrace{\tau(GF[2^L])}_{L \times L \text{ Matrix}}$$

hat folgende Eigenschaften:

(i) $\tau(0)$ ist die Nullmatrix

(ii) $\tau(1)$ ist die Identität

(iii) τ ist injektiv

(iv) Für zwei beliebige Feldelemente f, g gilt $\tau(f+g) = \tau(f) + \tau(g)$

(v) Für zwei beliebige Feldelemente f, g gilt $\tau(f \cdot g) = \tau(f) \cdot \tau(g)$

Beweis:
Die Punkte (i) bis (iii) sind offensichtlich. Die Linearität aus (iv) folgt aus

$$X^i(f+g) \equiv X^i f + X^i g \bmod p(X).$$

Um die Linearität (v) zu beweisen, sei zunächst $f^{(i)}$ der i-te Spaltenvektor von $\tau(f)$. Sei

$$\left(\begin{array}{cccc} g^{(j)}_{(0)}, & g^{(j)}_{(1)}, & \cdots & g^{(j)}_{(L-1)} \end{array} \right)^t$$

6

der j-te Spaltenvektor von $\tau(g)$. Es gilt für g wie nach Konstruktion von f oben

$$\sum_{i=0}^{L-1} g_i^{(j)} X^i \equiv X^{j-1} g \bmod p(X).$$

Die j-te Spalte von $\tau(f)\tau(g)$ ist $\sum_{i=0}^{L-1} g_i^{(j)} f_i$. Dies ist der Koeffizienten-vektor von

$$\sum_{i=0}^{L-1} g_i^{(j)} (X^{i-1} f) \equiv f \sum_{i=0}^{L-1} g_i^{(j)} X^{i-1} \bmod p(X).$$

Deshalb ist die j-te Spalte von $\tau(f)\tau(g)$ der Koeffizientenvektor von $X^{j-1} fg$, welches auch die j-te Spalte von $\tau(fg)$ ist.

5 Cauchymatrix

DEFINITION: Cauchymatrix

Sei K ein Körper und $\{x_1, \ldots, x_m\}, \{y_1, \ldots, y_m\}$ zwei Mengen von Elementen aus K so dass

(i) $\forall i \in \{1, \ldots, m\} \ \forall j \in \{1, \ldots, n\} : x_i + y_i \neq 0$ (Wird benötigt, damit die einzelnen Brüche nicht 0 werden.)

(ii) $\forall i, j \in \{1, \ldots, m\}, i \neq j : x_i \neq x_j$ und $\forall i, j \in \{1, \ldots, n\}, i \neq j :$ $y_i \neq y_j$

dann wird die Matrix

$$C = \begin{pmatrix} \frac{1}{x_1+y_1} & \frac{1}{x_1+y_2} & \cdots & \frac{1}{x_1+y_n} \\ \frac{1}{x_2+y_1} & \frac{1}{x_2+y_2} & \cdots & \frac{1}{x_2+y_n} \\ & & \vdots & \\ \frac{1}{x_{n-1}+y_1} & \frac{1}{x_{n-1}+y_2} & \cdots & \frac{1}{x_{n-1}+y_n} \\ \frac{1}{x_n+y_1} & \frac{1}{x_n+y_2} & \cdots & \frac{1}{x_n+y_n} \end{pmatrix}$$

Cauchymatrix über K genannt.

Jede quadratische Submatrix der Cauchymatrix ist invertierbar.

Die Determinante der Cauchymatrix kann wie folgt berechnet werden:

$$\det C = \frac{\prod_{i<j}(x_i - x_j) \prod_{i<j}(y_i - y_j)}{\prod_{i,j=1}^{n}(x_i + y_j)}$$

Beweis hierzu in [3].

7

Da wir beim Dekodieren die Generatormatrix invertieren müssen, muss die Cauchymatrix einfach zu invertieren sein. Wir benutzen die oben genannte Eigenschaft dazu, denn das Element d_{ij} der inversen Matrix C^{-1} läßt sich wie folgt berechnen:

$$d_{ij} = (-1)^{i+j} \frac{\det(C_{ji})}{\det(C)},$$

wobei C_{ji} durch Weglassen der j-ten Reihe und i-ten Spalte der Matrix C entsteht. Beweis hierzu siehe [4].

Zur Berechnung: Für $k = 1, \ldots, n$ seien

$$a_k = \prod_{i<k}(x_i - x_k) \prod_{k<j}(x_k - x_j)$$

$$b_k = \prod_{i<k}(y_i - y_k) \prod_{k<j}(y_j - y_k)$$

und

$$e_k = \prod_{i=1}^{n}(x_k + y_i)$$

$$f_k = \prod_{i=1}^{n}(y_k + x_i)$$

Somit lassen sich nach Formel der Determinanten für Cauchymatritzen $\det(C)$ und $\det(C_{ji})$ wie folgt berechnen:

$$\det(C) = \frac{\prod_{k=1}^{n} a_k b_k}{\prod_{k=1}^{n} e_k f_k}$$

$$\det(C_{ji}) = \frac{\det(C) e_j f_i}{a_j b_i (x_j + y_i)}$$

Deshalb gilt

$$d_{ij} = (-1)^{i+j} \frac{e_j f_i}{a_j b_i (x_j + y_i)}$$

Wir können die $4n$ Werte a_k, b_k, e_k, f_k – jeweils von 1 bis n – in der Zeitkomplexität

$$O(n^2)$$

berechnen. Somit können wir die gesamte inverse Matrix in dieser Komplexität berechnen.

8

6 Konstruktion und Kodierung des XOR-Codes

Wir sehen eine Nachricht als ein Element des Matrixvektorraums

$$(GF[2])^{mL \times w}$$

an. Dabei hat jedes Wort die Länge w und jedes Paket besteht aus L Wörtern. Wir betrachten eine Nachricht bestehend aus m Paketen:

$$M = (M_1, M_2, \ldots M_m)^t.$$

Dabei muss gelten $L \geq \max\{\log(m), \log(n - m)\}$. n sei die Anzahl der zu sendenden Pakete.

Sei C die Cauchymatrix über den Körper $GF[2^L]$ mit der Ausdehnung $(n - m \times m)$. Seien nun c_{ij} die Elemente der Matrix $(I_m | C)$. Dabei stellt I_m die $(m \times m)$-Identitätsmatrix dar, die von oben auf die Cauchymatrix aufgesetzt wird. Die Generatormatrix E des XOR-Codes läßt sich errechnen durch

$$E = (\tau(c_{ij})).$$

Die kodierte Nachricht N erhält man, indem man die Nachricht M mit der Generatormatrix E multipliziert:

$$E \cdot M = N = (E_1, \ldots, E_n)^t$$

Die Kodierung mit dem XOR-Code läuft in $O(m(n - m)L^2)$.

Theorem: Dieser XOR-Code ist ein MDS Code.

Beweis: Wir nehmen an, dass genau m' Pakete – Informationspakete und redundante Pakete – der gesendeten kodierten Nachricht N empfangen worden sind.

- Sei $I \subseteq \{1, \ldots, m\}$ die Menge der Indizes der empfangenen Informationspakete,

- $J \subseteq \{m + 1, \ldots, n\}$ die Menge der Indizes der empfangenen redundanten Pakete.

- Sei ferner $\overline{I} \subseteq \{1, \ldots, m\} \backslash I$ die Menge der Indizes der verloren gegangenen Informationspakete.

- $\overline{J} \subseteq \{m + 1, \ldots, n\} \backslash J$ die Menge der Indizes der verloren gegangenen redundanten Pakete.

Dann gilt, wie leicht ersichtlich ist:

- $|\overline{I}| = |J|$: Die Anzahl der verlorengegangenen Informationspakete ist gleich der Anzahl der empfangenen redundanten Pakete.

- $|I| + |J| = m'$: Es wurden m' Pakete empfangen.

Damit der Code ,maximum distance seperable' ist, müssen wir zeigen, dass die Matrix

$$D = (\tau(c_{ji}))$$

invertierbar ist, wobei $j \in J$, $i \in \overline{I}$. Wir zeigen hiermit, dass aus den empfangenen redundanten Paketen die verlorengegangenen Informationspakete rekonstruierbar sind. Die Matrix c_{ji} ist nach Vorraussetzung invertierbar. Die Matrix $\tau(c_{ji})$ ist auch invertierbar, da τ Isomorphismus.

7 Dekodierung

Die Dekodierung der teilweise eingetroffenen kodierten Nachricht läuft in drei Schritten. Dabei ist sind die Indexmengen I und J wie oben definiert:

- **Schritt 1:** Berechne

$$\tilde{E}_j = E_j + \sum_{i \in I} \tau(c_{ji}) M_i$$

für alle $j \in J$, wobei E_j das j-te redundante Paket und M_i das i-te Informationspaket.
Hiermit rechnen wir die redundanten Informationen für die ordnungsgemäß empfangenen Informationspakete aus den empfangenen redundanten Paketen heraus. Dies tun wir, weil wir nur die verlorengeganenen Informationspakete aus den redundanten Paketen wiederherstellen wollen.

- **Schritt 2:** Berechne das Inverse von D:

$$D^{-1} = (\tau(c_{ji}))^{-1} \quad j \in J, i \in \overline{I}.$$

Wir berechnen das Inverse der Generatormatrix, welche auf die Zeilen $\overline{I}$ der nicht empfangenen Informationspakete und die Zeilen J, der empfangenen redundanten Pakete gekürzt ist.

- **Schritt 3:** Berechne

$$D^{-1}\tilde{E} = M'.$$

$\tilde{E}$ ist die Matrix, deren $(jL + i)$-te Zeile die i-te Zeile von $\tilde{E}_j$ ist (i läuft von 0 bis $b - 1$). Wir erhalten die Matrix M', in welcher unsere verlorengegangenen Informationspakete stehen.

Es werden m Pakete übertragen. Wir nehmen an, dass davon k Pakete der Informationspakete ordnungsgemäß übertragen wurden ($|I| = k$). Somit haben wir $m - k = |J| = |\overline{I}|$ redundante Pakete.

- **Schritt 1** hat die Laufzeit von $O(k(m-k)L^2)$ XOR's.

- **Schritt 2** kann in einer Laufzeit von $O(k^2)$ berechnet werden.

- **Schritt 3** benötigt $O(k^2L^2)$ XOR's.

Somit läuft die Dekodierung in

$$O(mk)$$

8 Implementationsdetails

Der beschriebene XOR-Code wurde in C auf *HP/UX* und *Sun Workstations* implementiert. Dabei wurde wie folgt vorgegangen:

1. Eine zufällige Nachricht wurde generiert.

2. Feld wurde initialisiert. Sowohl dem Encoder als auch dem Decoder muss die Generatormatrix bekannt sein, mit welcher der XOR-Code arbeitet.

3. Kodierung der zufällig erzeugten Daten mit Hilfe des XOR-Codes.

4. Zerstörung eines Teils der kodierten Nachricht. (Wegwerfen von Paketen)

5. Dekodierung der Daten aus dem Rest der Pakete.

6. Vergleich der dekodierten Daten zu den Originaldaten um zu validieren, ob das XOR-Verfahren korrekt arbeitet.

Dabei verbraucht der Algorithmus die meiste Zeit im Kodier- und Dekodier-Schritt. Der Wunsch ist es, diese Zeit möglichst kurz zu halten, um einen möglichst schnellen Algorithmus für die Praxis zu erhalten.

Einen Geschwindigkeitszuwachs erhalten wir, indem wir zwei Tabellen vorberechnen: Wir können ein Element des Körpers $GF[2^L]$ auf zwei unterschiedliche Weisen darstellen, einmal in Exponentenschreibweise und einmal als einen L-dimensionalen Vektor.

- Die Exponentenschreibweise ist sehr nützlich, da wir die einzelnen Exponenten für eine Multiplikation einfach addieren können und so Rechenzeit sparen.

- Die Vektorschreibweise als einen L–dimensionalen Vektor über $GF[2]$ ist nützlich für das Addieren und das Generieren der Matrixrepräsentation.

Um zwischen beiden Darstellungsformen schnell wechseln zu können, berechnen wir zwei Tabellen vor, in denen wir dann das Element in der jeweils anderen Schreibweise nachschauen können.

Der **Kodierschritt** läuft in drei Schritten:

- Die Paketnummer wird gesetzt, so dass am Ziel festgestellt werden kann, welche Nummer das Paket hat, welches Empfangen worden ist.

- Die Informationspakete werden erstellt, indem man einfach die Nachricht in die Informationspakete hineinkopiert.

- Der Inhalt der redundanten Pakete wird berechnet.

Die Laufzeit des Algorithmusses ist linear abhängig von der Anzahl der Pakete der Nachricht, von der Anzahl der redundanten Pakete, von der Anzahl der Segmente, in welche jedes Nachrichtenpaket unterteilt wird und ist linear abhängig von L^2, wobei L die Größe des endlichen Körpers. Wir können allerdings weitere Verbesserungen mit Hilfe der Methode des dynamischen Programmierens machen. Nun benötigen wir nur noch viel Rechenzeit für das erste zu berechnende Segment. Die Laufzeit ist nunmehr nur noch abhängig von der Anzahl der Segmente eines Paketes.

Der **Dekodierschritt** läuft wie folgt:

- Warte solange bis genügend redundante Pakete angekommen sind, um die verlorengegangenen Informationspakete der Nachricht, welche zuerst gesendet wurde, wiederherzustellen.

- Kopiere die vorhandenen Informationspakete an die entsprechenden Stellen der Nachricht.

- Bilde eine Rest-Cauchymatrix M, deren Zeilenindizes die Indizes der redundanten Pakete und deren Spaltenindizes die Indizes der verlorengegangenen Informationspakete sind.

- Invertiere diese Submatrix M. Nenne die inverse Matrix D.

- Entferne nicht mehr gebrauchte Informationen aus den redundanten Paketen, indem die Informationspakete mit der Generatormatrix multipliziert aus diesen heraussubtrahiert werden.

- Multipliziere diese bereinigten redundanten Pakete mit der invertierten Matrix D. Man erhält so die fehlenden Informationspakete.

Der Algorithmus läuft in quadratischer Zeit zu der Anzahl der verlorengegangenen Informationspakete.

9 Referenzen

Literatur

[1] Johannes Blomer, Malik Kalfane, Richard Karp, Marek Karpinski, Michael Luby, and David Zuckerman. *An xor-based erasure-resilient coding scheme.* Technical report, International Computer Science Institute, Berkeley, California, 1995. *http://citeseer.ist.psu.edu/84162.html* [Stand 7.1.2004]

[2] Martyn Riley and Iain Richardson. *Reed Solomon Codes.* 4i2i Communications Ltd, 1998. *http://www.4i2i.com/reed_solomon_codes.htm* [Stand 7.1.2004]

[3] L. Mirsky, *An Introduction to Linear Algebra,* Dover, New York, 1982.

[4] H. Köhler, *Mathematik für Informatiker I - Kapitel 7 Matrizen und Determinanten,* Greifswald, 2003. *http://sun-10.math-inf.uni-greifswald.de/informatik/koehler/matrizen* [Stand 7.1.2004]